AF355751

ALLOCUTION

Prononcée

LE 16 FÉVRIER 1887, EN L'ÉGLISE CATHÉDRALE DE ROUEN

A l'occasion du mariage de

M. MARCEL DELESQUES ET DE Mlle MARGUERITE HENRY

Par

M. L'ABBÉ HENRY

Monsieur,

Ma Chère Enfant,

Vous m'avez appelé à l'honneur de bénir votre Mariage; vous avez voulu ajouter un nouveau lien à celui de la parenté qui m'unissait à l'un d'entre vous, en me faisant le témoin de vos serments et le consécrateur de votre union. Merci de cette délicate attention, et c'est de tout cœur que je partage votre joie, m'associant à votre bonheur.

Attirés l'un vers l'autre par une franche et sincère affection, vous avez voulu, par un lien

4

indissoluble, consacrer cette union, et aujour-
d'hui, aux pieds des autels, vous êtes venu de-
mander à Dieu de bénir votre Mariage et placer
sous la toute-puissante égide de la religion vos
mutuels et irrévocables serments.

Aussi, permettez au parent et au prêtre, avant
de vous bénir, de vous rappeler en quelques
mots les obligations de l'état du Mariage.

Le Mariage est un état saint dans son institu-
tion, et la sainte Écriture en parle dans des
termes qui méritent notre respect et attirent
notre admiration. Elle nous dit que Dieu ayant
créé l'homme, il forma la femme d'un membre
de ce dernier, enlevé pendant un sommeil mys-
térieux, faisant voir par là que la femme venue
de l'homme n'est point son esclave, mais sa
compagne estimée.

Je sais que les nations païennes et, de nos

jours, ceux qui rejettent Dieu ont défiguré et dégradé, les uns par leurs vices, les autres par leur impiété, la dignité du Mariage en en faisant un vulgaire contrat ; mais Notre-Seigneur Jésus-Christ est venu, dans la loi nouvelle, anoblir et relever le Mariage en le bénissant par sa divine présence, et, en consacrant l'indissolubilité du lien conjugal, l'élevant à la dignité de sacrement, image de son union mystique avec son Église.

C'est une union dont, suivant l'admirable pensée de Tertullien, on ne saurait trop exalter la grandeur, puisque la religion elle-même en forme les liens, l'Église les bénit, l'offrande du Saint-Sacrifice les consacre, et Dieu, du haut du Ciel, les ratifie.

Mais si la foi catholique nous montre le Mariage comme une si grande chose, elle nous apprend aussi que ceux qui s'y engagent ont des devoirs à remplir, et y contractent des obligations.

L'Époux est le dépositaire de l'autorité de Dieu, chef de la famille; il doit, avec Celle à laquelle il donne toute son affection, en supporter les charges et pourvoir à toutes les nécessités; à lui le commandement, mais aussi à lui de donner le bon exemple. L'épouse, tout en acceptant le joug si doux de celui qui après Dieu possède toute son affection, tempère par sa douceur cette autorité première, et devient pour la famille entière une seconde Providence.

Où trouverez-vous, ma chère Enfant, et vous, Monsieur, le courage et la force pour vous acquitter de ces nouveaux devoirs, pour être l'un et l'autre fidèle à vos serments? Dans votre mutuelle affection, sans doute. Mais l'affection elle seule ne suffit pas; il faut quelque chose de plus grand, de plus fort, de plus stable, pour agir puissamment sur le cœur de l'homme, pour lui faire accepter généreusement le devoir ; il lui faut le sentiment religieux. Car seule la religion peut donner, avec l'amour du devoir, le véritable bonheur.

Conservez, ma chère Enfant, cette foi chrétienne déposée en votre cœur par des Parents bien aimés et par une aïeule vénérée, trop tôt ravie à votre affection, et qui, d'un monde meilleur, vous accompagne en ce jour de ses plus tendres bénédictions. Portez à cette nouvelle famille qui vous ouvre ses bras, cette bonté, cette aménité, cette tendresse qui vous distinguent, et qui vous ont conquis l'affection des nombreux Parents et Amis qui vous entourent, partageant notre joie, prenant part à votre bonheur. Que la loi de Dieu soit toujours la règle de votre vie, qu'elle inspire toutes vos pensées, qu'elle guide tous vos actes, qu'elle règle toutes les affections de votre cœur, qu'elle fasse de vous, ma chère Enfant, d'abord l'Épouse, puis la Mère chrétienne.

Par ces sacrifices qui ne coûtent rien pour ceux qui aiment, par ces affectueuses prévenances qui attirent, et que seule la religion sait inspirer, vous garderez à jamais le cœur de votre Époux. En partageant ses joies, vous leur prêterez un charme de plus; en prenant part à ses peines, s'il en a, vous ferez qu'il les trouvera moins sensibles et moins amères.

Et vous, Monsieur, en devenant le compagnon fidèle de celle qui dans quelques instants va porter votre nom, donnez-lui en retour toute l'affection de votre cœur; continuez au nouveau foyer que vous allez fonder ces habitudes d'honneur, de probité qui vous distinguent : traditions dans votre honorable et chrétienne famille. Que vos soins, que vos attentions, que vos prévenances fassent trouver légère, et même agréable à votre épouse, la double autorité dont vous revêtent en ce jour à son égard la Société et la Religion.

Chérissez-la comme une autre vous-même, et qu'elle retrouve dans votre mâle affection la tendresse de la bonne mère et le cœur du père qui, en vous donnant en ce jour leur Enfant tant aimée, la confient à votre honneur et à votre affection.

Puisse Dieu, ma chère Enfant, et vous, Monsieur, en bénissant votre union par la main de son prêtre, que vous avez voulu associer à votre bonheur, vous accorder des jours longs et prospères, avec ses plus abondantes et ses plus précieuses bénédictions!

www.ingramcontent.com/pod-product-compliance
Lightning Source LLC
LaVergne TN
LVHW011931170726
843501LV00011BA/4332